쿠살낭의 소원

시 박수현·박은유 외 | 그림 방새미·안예나

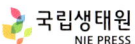

여는 글

   국립생태원이 주최하고 환경부가 후원한 '제7회 국립생태원 생태문학 공모전' 생태동시 수상작 28편을 모아 동시집 『쿠살낭의 소원』을 출간하였습니다.

   국립생태원은 생태에 대한 이해와 교훈, 생태계 보전의 필요성을 널리 알리고자 2016년부터 매년 '생태문학 공모전'을 개최하고 있습니다. 이번 일곱 번째 공모전은 생태·환경을 주제로 한 생태동시 분야로 일반과 초등 두 부문으로 작품을 접수하였습니다.

   총 1,127편의 훌륭한 작품이 응모되어 각 부문 대상 1편, 최우수상 2편, 우수상 3편, 장려상 일반 6편 및 초등 10편, 모두 28편의 수상작을 선정하였습니다.

   이번 공모전에는 기후변화와 같은 우리가 당면한 환경문제에 대한 안타까운 시선과 주변 동식물에 대한 관심을 표현한 작품이 많이 응모되어 생태·환경에 대한 국민적 관심이 나날이 늘어감을 실감할 수 있었습니다.

국립생태원은 생태 연구와 전시, 교육을 수행하는 국가 기관으로 우리 아이들이 누릴 지속 가능한 미래를 위해 지속적으로 생태문학 공모전을 개최하여 생태 가치를 확산하고자 합니다.

　국립생태원 출판부는 올바른 환경의식 함양을 위해 생태 정보와 이야기를 엮어 다양한 유형의 대상별 맞춤형 콘텐츠를 개발하여 보급하는 일을 하고 있습니다. 이번 '제7회 국립생태원 생태문학 공모전 수상 작품집'『쿠살낭의 소원』발간을 통해 많은 분이 자연과 생태계 보전에 대한 의지와 생태 감수성을 함양하고 생명을 사랑하는 마음을 갖게 되기를 희망합니다.

2023년 7월
국립생태원장 조도순

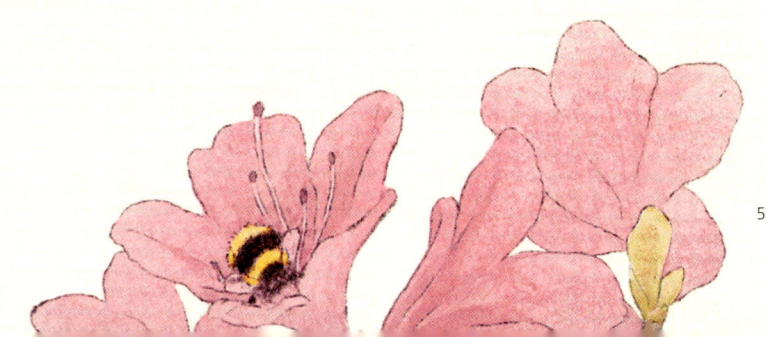

차례

여는 글 … 4

차례 … 6

일반 부문

쿠살낭의 소원 · 박수현 … 10

꿈꾸는 보물 창고 · 김지현 … 14

꿈이라니 다행이다 · 김균탁 … 18

수다쟁이 나무들 · 포공영 … 22

숲속의 지도 · 이은실 … 26

호박벌 · 전성희 … 30

누가 쌌어? 이 똥! · 정진우 … 32

고추밭의 고라니 · 변우복 … 34

도와주세요 · 서민 … 36

가을잎빵 · 김현정 … 38

할아버지의 의자차 · 박성훈 … 40

바다 학교 출석부 · 박준형 … 42

초등 부문

나무 아파트 · 박은유 ⋯ 46

내가 사는 숲 · 윤정원 ⋯ 50

네발나비 · 이연우 ⋯ 54

한여름 밤의 숭어 · 박태헌 ⋯ 58

고슴도치 · 박한결 ⋯ 60

서천 갯벌에서 · 박해인 ⋯ 62

까망이와 함께 살기 · 전효은 ⋯ 64

사랑을 주는 아이 · 김시환 ⋯ 66

지금이 좋다 · 이율희 ⋯ 68

바다가 삼킨 엄마의 종량제 봉투 · 장하연 ⋯ 70

문패 만들기 · 류종현 ⋯ 72

멈춰! · 김담이 ⋯ 74

내가 더 고마워! · 이서해 ⋯ 76

뚝딱! 독의 변신 · 김지호 ⋯ 78

자연의 외침 · 이하린 ⋯ 80

북극곰네 이야기 · 이지한 ⋯ 82

심사평 ⋯ 84

작품 설명 및 수상 소감 ⋯ 86

박수현

김지현

전성희

포공영

김균탁

정진우

이은실

일반 부문

변우복

박성훈

김현정

서민

박준형

일반 부문 대상
쿠살낭의 소원

박수현

산타할아버지,
혹시 말이어요
사람이 아니어도
소원을 들어주시나요?

그렇다면 지금부터
제 이야기에 귀를 기울여주세요

저는 구상나무예요
제주도 말로 쿠살낭이죠
'쿠살'은 '성게'
'낭'은 '나무'랍니다
성게 모양의 솔방울이 달렸거든요

사람들은 저를
크리스마스트리라고 불러요
매년 반짝거리는 별을 달아주지요

그런데 저는 요즘 아주 슬퍼요
제 친구들이 점점 사라지고 있거든요
사람들 말로는 기후변화 때문이래요

메말라 가는 땅
뜨거운 태양
건조한 바람에
저는 온몸이 타들어 가고 있어요
바짝 마른 생선 가시처럼

그리고 부서져요
하얗게

제 친구 감비도 그랬어요
감비는 가문비나무예요
점점 힘이 빠진대요

할아버지, 저는 크리스마스 나무잖아요
그러니까 제 소원도 좀 들어주세요

울고 싶은데 눈물이 나질 않아요
자꾸 가루만 날리는걸요

일반 부문 최우수상
꿈꾸는 보물 창고
김지현

할머니 텃밭은 모두의 보물 창고
없는 게 없다지
누구나 산다지
아무나 온다지

빨강 방토 손님들은 눈치 없는 염소 식구
풋풋 가지 손님들은 식성 좋은 무당벌레
블루베리 손님들은 눈 밝은 후투티 새
넝쿨 호박 손님들은 냄새나는 노린재

할아버지 논밭은 모두의 보물 창고
없는 게 없다지
누구나 산다지
아무나 온다지

논두렁 주민들은 호시탐탐 왜가리
논 가운데 주민들은 요리조리 미꾸라지
밭두렁 주민들은 사돈 팔촌 메뚜기네
밭 가운데 주민들은 땅굴 대장 두더지

동네 뒷산 골짜기는 모두의 보물 창고
없는 게 없다지
누구나 산다지
아무나 온다지

산딸기 도토리 으름에 알밤까지
다람쥐 멧돼지 부엉이 산토끼랑
반딧불이 등을 켜고
별이 뜨는 밤이 되면
온 세상 꿈을 꾸는
모두의 보물 창고

일반 부문 최우수상
꿈이라니 다행이다

김균탁

태평양 건너 바닷가 마을 거북이 배에서
내 이름이 나왔다 뉴스에서 난리다

"김리율"

세 글자가 또박또박 적힌 명찰
며칠 전 잃어버린 명찰인데
바다거북이 배 속에서 툭 하고 튀어나오다니
정말 어떻게 된 일일까?

'세상에 이런 일이'에 나올 정도로
엄청난 사건이 뉴스에 나왔으니 이제,
전 세계 모든 사람이 내 이름을 알게 되었다

어린이집에서도, 길거리에서도
사람들이 나에게 손가락질할 것이다
이제 정말 난 망했다

"으앙! 어떻게 해야 할까?"

그때, 멀리서 들리는 엄마 목소리,

"김리율, 빨리 일어나."

이거, 설마?
휴! 다행이다
이 모든 게 꿈이라니
그럼 내 명찰은 어디 있지?
다행히 가방에 잘 붙어 있다
내가 무심코 버린 쓰레기들이
바다 생물들 몸에서 나온다니,
오늘 밤은 바다 친구들에게
사과하는 꿈을 꿔야겠다

일반 부문 우수상
수다쟁이 나무들
포공영

글쎄,
올봄에 새로 이사 온 딱새 부부가 금실이 얼마나 좋은지
몰라요

새벽마다 샘에 나와 목욕하는 부부 말이죠?
저도 멀리서 한 번 봤는데 서로 깃털을 다듬어 주는
모습이 퍽 다정해 보이더라고요

아기 새들은 어떻고요
바람이 몰래 엿보고 와서는 말랑말랑한 밤송이를 뒤집어쓴
것처럼 귀엽다며 한참을 떠들다가 갔다니까요

그치의 말은 반만 믿어야 해요
허풍이 어지간히 심해야 말이죠
맞아요, 맞아

참, 그 소문 들었어요?

무슨?

글쎄,
바위굴에 사는 고라니 부인이 올가미에
걸려 발목이 잘렸다지 뭐예요

에구머니, 끔찍해라

아휴, 말도 마세요
멧돼지 영감은 한겨울에 먹을거리를 구하러
마을에 갔다가 여태 감감무소식이라잖아요

정말 큰일이에요
우리 아이들조차 마음껏 뿌리 내릴 땅이
자꾸만 줄어들고 있으니 말이에요

왜 아니겠어요?
작년 봄에는 등산객들이 아기 느릅나무
순마저 죄다 뜯어가는 바람에 여름내
몸살을 앓았다지요

사락사락—
오늘도 뒷산 언덕바지에 키 큰 나무들,
온종일 수다를 떱니다

일반 부문 우수상

숲속의 지도

이은실

숲에 사는 친구들은
저마다 지도가 있습니다

고라니는 두 귀 쫑긋
바람 소리 읽으며 총총 뛰고요
팔랑나비 풀벌레는 워낙 길치라
별자리 지도 펼쳐놓고도 먼 길 돌아가지요
누룩뱀은 흙길 온기 더듬느라 스멀거리고
물가에 알 낳은 어미 개구리
팔딱팔딱 찍어둔 발자국 따라
집을 찾아갑니다

우르릉 쾅쾅
우다다다 쿠르릉

벌목기와 크레인
덤프트럭 레미콘이
파헤치고 쓸어낸 우리 동네
자동차 무리 헤엄치는 회색 강이 될 줄
누가 알았겠어요

두 눈을 번쩍이며 달려드는 게
어찌나 사납고 포악하든지
울보 고라니도 자동차 온다 하면
울음을 뚝
그친다니까요
기다리던 엄마는 끝내 돌아오지 않았지만요

얘들아!
저쪽으로 가면 강 건너는 생태통로가 있대
가족 친구 모두 다시 만날 수 있어
누가 만들어 두었을까?
고맙기도 해라

동물들 저마다 지도를 펼쳐
갈라진 숲을 잇는 좁다란 다리
선명히 새겨넣었어요

하지만
까막눈 너구리 할매는
여전히 강기슭을 어슬렁거려요
너구리의 지도는 사라진 숲 냄새
흙내음 풀내음 끊긴 도롯가에서
별님 달님 산신령님
오늘 밤도 무탈하길
비나이다 비나이다
구부정히 기도 올리며
굼뜬 걸음 집을 향해 옮겨요
홀로
서늘한 강을 건너요

일반 부문 우수상

호박벌

전성희

얼굴 폭 파묻고 분을 바르죠
두 손으로 문을 당겨 씌우고서요
붕붕붕
입술과 손가락 묻은
꽃분을
집집마다 실어 날라요
한 집 빠짐없어요

작은 문 앞 똑똑
누구 없어요?
뒷문도 꼼꼼
작은 날개 웅우웅웅
쉼이 없어요

부푼 꽃 볼이 터진 진달래 함께
부른 배 연지곤지 부끄러운 호박벌

봄 모으는 중입니다
꿀 모으는 중입니다

일반 부문 장려상

누가 쌌어? 이 똥!

정진우

산길을 걷는데 아이가 까르르
동글동글 콩 같은 윤기 나는 똥
그건 고라니 똥이야

냄새나는 똥 무덤에 아이가 코를 막고 까르르
오디도 먹고, 버찌도 먹었네
그건 너구리 똥이야

개울에서 물놀이하다 똥이다! 아이가 또 까르르
바위 위에 새까맣게 비린내가 진동하네
그건 수달 똥이야

산비탈에 동글동글 바둑알 같은 똥에 까르르
검은색도 있고, 갈색도 있고, 냄새는 안 나네
그건 멧토끼 똥이야

오솔길에 길쭉하게 검은 똥에 까르르
아이구 무셔라, 쥐 털이 가득이네
그건 살쾡이 똥이야

길을 걷다 후두둑 머리에 흰 똥 맞고 까르르
지나가던 까치가 똥 싸고 갔네
까르르르 까르르르 까르르르
넌 똥만 보면 왜 그리 좋아하니

일반 부문 장려상
고추밭의 고라니

변우복

고추밭에 뛰어든
아기 고라니 한 마리
이리 뛰고 저리 뛰고
힘들게 씌운 고추 비닐
다 망친다

어이
요놈의 고라니

아빠 고함에
아기 고라니 더욱 놀라
갈팡질팡
발 딛는 곳마다 앙증맞은
발굽 자국 송송
자두나무꽃 가지에 머리
들이밀고는 이웃 밭으로 사라졌다

어렵게 씌운 비닐 다 망가져서 어쩐대요

허허
고 녀석이 고추 모종 심으라고
구멍 뚫어 주고 갔구나
금년 농사는 대풍일 거야

아빠의 얼굴에 고라니 뒷다리 같은 고추가
다닥다닥 열렸다

일반 부문 장려상
도와주세요

서민

도와주세요
암술머리에 살포시 꽃가루를 올려주고
먹이를 모아 가족들이 기다리는 집으로 가려는데
눈앞이 캄캄해서 아무것도 안 보여요
뿌연 미세먼지로 길을 잃은
나는 꿀벌이에요

도와주세요
눈에 넣어도 안 아플 내 아기들에게 주려고
알록달록 예쁜 먹이를 열심히 모아왔는데
사랑하는 아기들이 눈을 뜨지 않아요
플라스틱을 먹이로 착각해서 새끼를 잃은
나는 바닷새예요

도와주세요
숲에서 나무를 타며 친구들과 신나게 놀고 와서
가족들과 맛있는 음식을 나눠 먹고 있었는데
갑자기 초록 숲이 뜨겁게 불타올랐어요
과자와 라면 만들 기름 농장 짓기 위해
숲에 지른 불에 소중한 집과 가족을 잃은
나는 오랑우탄이에요

도와주세요
먹이를 구하러 바다에 간 아빠 엄마를 기다리고 있는데
눈이 와야 할 하늘에서 자꾸자꾸 비가 와요
신나게 놀던 얼음 놀이터가 진흙탕이 되고
방수 기능이 없는 내 솜털이 다 젖었어요
너무 추워 오들오들 떨고 있는
나는 새끼 펭귄이에요

도와주세요
도와주세요
우리의 눈물을 닦아주세요

일반 부문 장려상

가을잎빵

김현정

가을잎빵이요
바람이 주문을 하면
둥근 향나무 요리사는 바빠진다

자, 재료는 딸기잼 단풍잎
슈크림 은행잎
크고 넓은 참나무잎은 식빵

먼저 햇살이 노릇노릇 참나무잎 식빵을 앞뒤로 말린다
바람은 혹시라도 잎이 탈까 봐 왔다 갔다 하며 식혀준다

다 된 참나무잎 식빵을 밑에 깔고
딸기잼 단풍잎을 그 위에 물들인다
다시 참나무잎 식빵을 얹고
이번엔 슈크림 은행잎을 펼친다
한 번 더 참나무잎 식빵을 올려놓고
꾹꾹 누른 다음
마지막 장식은 냄새가 좀 나지만 은행 몇 알

이제 둥근 향나무 요리사가 소리친다
어서 가져가 완성이야

바람은 기다렸다는 듯 와서 흔적 없이
가을잎빵을 하늘 높이 가져간다

아니 이봐, 돈은 내야지

둥근 향나무 요리사는
또 돈을 못 받았다

일반 부문 장려상
할아버지의 의자차

박성훈

봄볕 좋은 날
구들장 지키던 할아버지
의자차 몰고 나가신다
어디든 발걸음을 옮겨주는
요긴한 전동휠체어
할아버지 은빛 두 눈
전조등인 양 켜고 나들이하신다
스르르 아파트 단지 한 바퀴
손가락에도 속도가 붙는다
봄바람도 덩달아 살랑이고
지나던 길고양이 흠칫흠칫

소음도 매연도 없고
휘발유 없이도 달리는 차
부릉부릉 자동차 대신 참 잘도 간다
배기가스 걱정 없고
탄소발자국을 남기지 않는다

할아버지 나가신다, 길을 비켜라
허험! 기침 소리 크게 한 번 하신다
고운 햇살 가루가 수북
할아버지 무릎을 따스하게 감싼다

일반 부문 장려상

바다 학교 출석부

박준형

바닷속 학교가 개학하는 날
'잡어반' 담임으로 부임하신
고래 선생님이 출석을 불러요

독가시치? 네, 저 왔어요!
황줄깜정이? 여기 있어요!
무점매가리? 화장실 갔어요!
줄삼치? 지금 오고 있대요!
까칠복? 어? 방금까지 있었는데?
구갈돔? 선생님, 얘 자꾸 졸아요!
인상어? 교무실 불려 갔는데요…

다금바리는 또 어디로 간 거니?
걔는 맛있어서 잡혀갔는데요?

정어리? 가자미? 꽁치? 고등어는?
걔들도 다 사람들한테 잡혀갔죠!

맛있어서 무사한 잡어반 학생들
방긋 미소 짓는 아이들을 바라보며
고래 선생님은 그저 웃기만 합니다

박은유

박한결

윤정원

김시환

박해인

이연우

이율희

전효은

박태헌

장하연

초등 부문

류종현

이하린

이서해

김담이

이지한

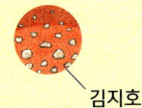
김지호

초등 부문 대상

나무 아파트

박은유

학교 가는 길에 보이는
나무 아파트
엘리베이터가 필요 없는
나무 아파트

1층엔 귀가 어두운 장수풍뎅이 할아버지가
느릿느릿
층간 소음 걱정 없는
나무 아파트는 행복 가득

2층엔 매미 아저씨가 예쁜 매미 아줌마 찾는다고
맴맴
3층엔 제비 가족들이 맛있는 걸 나누어 먹으며
오순도순

맨 꼭대기엔 푸른 대추 알들이 가득

나무는 다 준다
장수풍뎅이, 매미, 제비들에게
그리고 사람들한테는 맛있는 대추까지

초등 부문 최우수상

내가 사는 숲

윤정원

나는 숲에 살아요
네모나고 길쭉하고 딱딱한
아파트 숲이에요

이 숲에는
쿵쾅쿵쾅 시끄럽다고 싸우는 소리,
밤늦게도 계속되는 청소기와 세탁기 소리,
차 좀 빼달라고 빵빵거리는 소리가 나요

아파트 사이사이를 지나가는
바람이 회색빛을 닮았어요

나무들도 숲에 살아요
모양도 다르고 길이도 향기도 제각각인 숲이에요

진짜 숲에서는
나무들이 춤추는 소리,
바람이 인사하는 소리,
동물들이 대화하는 소리가 나요

나무들 사이사이를 지나가는
바람이 초록빛을 가졌어요

내가 사는 아파트 숲의 연락망은
네모난 휴대폰,
하루 종일 들고 다니지만
외로운 사람들은 많아지고 있대요

나무들이 사는 숲의 연락망은
꼬불한 뿌리,
아프고 기운 없는 이웃에게
온 힘 다해 영양분을 실어 나른대요

서로의 상처를 위로하고
마음을 쉬게 하는 그늘이 되어준다면
우리도 진짜 숲이 될 수 있어요

그날은 우리 집에 불어오는 바람의 색깔도
푸른 빛깔로 일렁이겠지요

초등 부문 최우수상

네발나비

이연우

얼룩덜룩 표범 무늬
삐죽삐죽 박쥐 날개
불꽃처럼 화려한
네발나비야

싱그런 초록 덤불
단풍잎 닮은 환삼덩굴
소복이 알 낳으면
꼬물꼬물 애벌레로 변신하지

여름 숲의 대마왕
환삼덩굴은 애벌레의 뷔페
먹이식물이 되어줘
사각사각, 먹어치우지

까끌까끌 까끄렁풀
번데기를 품어주고
지친 네발나비
휴식처가 되어줬네

하지만 오염된 흙, 죽어가는 땅
사라지고 있는 환삼덩굴
네발나비 먹이식물은
사라져갔네

얼룩덜룩 표범 무늬
삐죽삐죽 박쥐 날개
불꽃놀이처럼 곧 꺼져버릴 것 같은
네발나비야

너도 우리 곁에서
시라져 버릴 거니?

초등 부문 우수상

한여름 밤의 숭어

박태헌

여름밤이 되면 우리 동네 해양 공원에는
더위를 피하러 사람들이 모여든다

유난히도 큰 보름달이 바닷물에 비쳐
몇천 개의 별이 된다

시원한 바람을 맞으러 달리니
달도 달빛도 나를 쫓아온다

나처럼 성격 급한 숭어 한 마리가
제법 높게 폴짝 뛰어오른다

조금 전에 그 녀석일까? 아니면 다른 녀석일까?
계속해서 자꾸만 뛰어오른다

공원에서 들려오는 음악 소리에 맞추어
숭어들이 멋지게 춤을 춘다

구경하는 사람들의 웃음과 응원 소리에
숭어들이 높이 뛰기 경주를 한다

보름달 조명 아래에서 누가 더 멋진지
숭어들이 반짝반짝 패션쇼를 한다

첨벙거리는 물소리 덕분에
시원한 바람이 부는 것 같다

숭어 소리가 잠잠해지면
더위를 식힌 사람들이 집으로 간다

초등 부문 우수상

고슴도치

박한결

가시가 뾰족뾰족한
고슴도치 한 마리
날이 서 있어요

살며시 쓰다듬으면
보들보들하네요

둥글둥글한 지구도

살며시 귀 기울이면
뾰조록뾰조록
새싹들을 내보내요

초등 부문 우수상

서천 갯벌에서

박해인

갯벌 가득
밤게들이 작은 구멍에서
얼굴을 쏙 내밀며 인사한다

갯벌 속에
꼭꼭 숨어있는
동죽들과
숨바꼭질 시작한다

앗! 찾았다
아기 동죽들은
부끄러운 듯이 조개껍데기를
꽉 덮고 있다

꿀렁꿀렁 갯지렁이,
뽀송뽀송 아기 동죽,
휘리릭 밤게가
엄마 품처럼 느껴지는
갯벌의 품속에 파고든다

바다는 피곤한지
저 멀리까지 달아나 있다

자장자장
밀물 시계 알람이
울릴 때까지

초등 부문 장려상

까망이와 함께 살기

전효은

우리 집에 살고 있는 공벌레
소중한 나의 가족이다
까망아!
내가 부르면
또르르르 굴러와
시험을 망친 내 이야기를
조용히 들어준다

까망이가 나뭇잎을 뜯어 먹을 때
내 이야기를 들어줘서 고맙다고
나뭇잎을 하나 더 넣어준다
그러면 까망이도
고맙다며 몸을 굴려 다가온다

그런데 가끔 까망이는
나와 친하게 지내다가도
혼자 외로워 보인다
엄마가 보고 싶은가보다

까망이가 더 크면
숲으로 보내줘야겠다
그때는 까망이에게 "안녕" 하고
인사를 해줄 것이다

그동안 고마웠다고
까망이도 나에게
인사를 해줬으면 좋겠다
까망아, 우리를 그리워하지 말고
숲에서 좋은 가족을
만나 행복하게 살아

초등 부문 장려상

사랑을 주는 아이

김시환

나는 좋아해요
연못에 핀 꽃의 아름다움
지저귀는 새들의 울음소리
사과처럼 빨개진 나뭇잎
낙엽의 바스락 과자 소리를

나는 재밌어요
시끄러운 매미 울음소리
공작새 꽁지 같은 자귀나무
밤에 우는 귀뚜라미 합창
꼬리를 두고 도망가는 도마뱀을

나는 슬퍼요
사라져가는 폴짝 개구리
숲을 뒤덮은 쓰레기들
차에 치여 쓰러진 노루
아파트에 사라진 나무와 파괴된 숲을

우리 함께해요
자원 아껴 쓰고 친환경 물품 사용
나무 심고 가꾸기
대중교통과 자전거 이용하기
분리수거와 재활용을

나는 자연에서 쓰레기 가져와요
나는 자연에게 사랑을 주고와요

초등 부문 장려상
지금이 좋다

이율희

우리 동네 가로수 밑에는
여러 작은 나무와 꽃들이 심어진 화단이 있다
처음에는 작아서 바르게 심어져 있었는데
여름 내내 자라면서 삐죽빼죽
마치 밀림처럼 커졌다

사람들은 관리 안 한다고
지저분해 보인다고 투덜거리지만
나는 지금이 좋다

그 화단에는 거미들이 집을 짓고
개미들도 오르락내리락한다
무엇보다 나무랑 꽃들이 마음껏
자라고 싶은 대로 자란 것 같아
보기 좋다

나는 삐죽빼죽 자란 지금이
네모반듯하게 자란 것보다 훨씬 보기 좋다

초등 부문 장려상

바다가 삼킨 엄마의 종량제 봉투

장하연

푸른 바다 안에는
어떤 것들이 들어 있을까?

아기 고래를 사랑한 엄마 범고래
집게발로 가위바위보를 하는 돌게
누가누가 빠른지 달리기 경주하는 물고기
우리 엄마 좋아하는 미역이 들어있겠지

텔레비전 틀어보니
환상의 제주 바다 안으로
여행을 떠난 다이버 아저씨

아저씨가 들고 온
제주 바다의 선물은?

과자봉지, 비닐, 통조림 깡통, 플라스틱, 장난감
바다가 삼킨 건 엄마의 종량제 봉투였구나

그동안 얼마나 아팠을까?
우리 집의 환경지킴이가 되어
더 이상 아프지 않도록
지켜줄게

바다가 삼킨 종량제 봉투 안에
새 생명을 불어넣어
쓰레기에서 새 생명이 태어나면
내가 꿈꾸던 아름다운 바다
그땐 나와 친구가 되어주겠니?

초등 부문 장려상

문패 만들기

류종현

동생이랑 엄마랑 산에서 뛰어놀다
나는 나뭇가지 줍고
엄마는 꽃 한 송이 따고
동생은 콩알만 한 도토리를 여러 개 주워서
우리 집 문패를 만들었다
나뭇가지는 나랑 동생 이름이 되고
꽃잎은 꽃을 피웠고
조그만 넓적 돌멩이는 집이 되고
작은 도토리는 눈이 되어 내렸다
다 만들고 보니 산이 그대로 담겼다
너무 멋졌다
대문에 말고 내 방에 걸어둘 거다

초등 부문 장려상

멈춰!

김담이

나는 마트 가는 엄마를 막아서며
소리쳤다 멈춰!
장바구니 가지고 가셔야죠
빙하가 녹아 북극곰이 울고 있어요

나는 매일 커피를 사 먹는 아빠에게
소리쳤다 멈춰!
텀블러 가지고 다니세요
물고기 배 속이 플라스틱으로 가득해요

나는 과자봉지를 아무 데나 버리는 오빠에게
소리쳤다 멈춰!
분리수거 똑바로 해
재활용으로 환경을 깨끗이 만들 수 있어

만드는 데는 5초
썩는 시간은 500년
우리는 모두 지금 멈춰야만 해!

멈춰!

초등 부문 장려상

내가 더 고마워!

이서해

갯벌에서 만난 꽃게
꽃게를 따라 옆으로도 걸어보고
곤충을 잡아주기도 하며
꽃게와 함께
시간 가는 줄 모르며 놀았다

어떤 아저씨는
튀겨 먹는다고 꽃게를 가져가고
어떤 꼬마는
다리를 떼어버린다

하지만 난
꽃게를 보내주었다
모래 속으로 들어가는 꽃게가
날 보내줘서 고마워!
옆모습으로 인사하는 것 같았다

아니야 꽃게야!
사실은 내가 너 고마워!
넌 나와 두 시간이나 놀아줬잖아

초등 부문 장려상

뚝딱! 독의 변신

김지호

고려청자 옷을 입은 청자고둥은
독으로 마비 시키지만
그 독은 진통제로 뚝딱 변신

창처럼 뾰족한 머리를 가진 살모사는
독으로 사람도 해치지만
그 독은 혈압 치료제로 뚝딱 변신

토마토처럼 빨간 광대버섯은
독으로 마약도 되지만
그 독은 우울증 치료제로 뚝딱 변신

무서운 독이 무섭다고
독이 있는 동물을
멸종시키지 마세요

사람들을 도와주는 치료제로
뚝딱 변신할 거예요
자연은 소중해요

초등 부문 장려상

자연의 외침

이하린

빨강 노랑 가을 옷 갈아입고
겨울을 부르며 떨어진 낙엽
땅의 이불이 되어 잠을 잔다
산속 자연들이 잠을 청한다

무심코 던져진 작은 불씨
바스락 낙엽은 큰 산불이 되어
뜨겁다고 울부짖는 나무와 벌레들
까맣게 제 몸을 태운다

화마가 휩쓸고 지나간 자리
작은 생명들은 집 잃고
울창한 숲은 화상 입고
앙상한 뼈대만 남는다

한순간 모든 것이 사라지고
맑은 공기, 상쾌함은 어디에
하늘은 성난 얼굴 먹구름
땅은 숯더미 잿더미

매서운 칼바람 불어도
아지랑이 피어나는 봄 오겠지?
파릇파릇 여름 오겠지?
반복되는 걱정의 메아리 소리

어제와 다름없이 오늘도
노을은 붉게 물든다
별님 달님 오늘 밤 숲에 찾아와
따뜻하게 안아주세요

초등 부문 장려상

북극곰네 이야기

이지한

얼음이 하나가 녹네
북극곰은 육지에 가서 자고 있더래

얼음이 둘이 녹네
북극곰은 육지에서 순록을 먹더래

북극곰 강제 다이어트
북극곰 강제 전학
북극곰 강제 이사

북극곰 건강 프로젝트 시작!

쓰레기 줄이기 얼음 하나 땡!
종이 아끼기 얼음 둘 땡땡!
나무 심기 얼음 셋 땡땡땡!
걷기 얼음 넷 땡땡땡땡!

얼음 넷이 모여
북극곰은 북극에 갈 수 있대

야호! 북극곰네 행복 찾기!

심사평

　동시의 참 의미를 잃어 가는 안타까운 요즘, 국민을 대상으로 한 이번 동시 공모전은 침체되어 가는 시 문학에 큰 활력소가 되었습니다.
　특히 현 인류의 최대 관심사인 '생태'에 대한 소재를 택하여 더욱 뜻깊은 행사가 되었습니다. 천 편이 넘는 작품이 응모된 것은 국민들이 시에 대한 열정이 얼마나 뜨거운지 실감하는 소중한 기회였습니다. 저 또한 시인으로서 고마움을 느낍니다.
　일반 부문에서 대상 작품 "쿠살낭의 소원"은 크리스마스 나무인 구상나무를 산타에게 호소하는 표현이 우수하였습니다. 또한 사라져 가는 구상나무를 지키려는 간절한 소망을 담아 구상나무를 일반 사람들에게 알리는 데 크게 기여하였습니다. 최우수상 작품 "꿈꾸는 보물 창고"는 생태계의 다양성과 순환성을 잘 포착하였고, "꿈이라니 다행이다"는 생태적 문제의식이 돋보이는 작품이었습니다.
　초등 부문에서 대상 작품 "나무 아파트"는 누구나 이해하기 쉬운 간결한 표현으로, 나무를 아파트에 비유한 것이 참신하고 재미있는 발상이었습니다. 최우수상 "내가 사는 숲"은 회색빛 아파트와 초록빛 숲을 비교하는 통찰력이 뛰어난 작품이었으며, "네발나비"는 발랄한 어휘 사용과 섬세한 관찰력이 돋보이는 작품이었습니다.

　이번 공모전은 자연의 아름다움과 생명의 소중함을 친근하게 표현하는 작품들과 구상나무, 북극곰, 바다거북 등을 소재로 기후변화 및 환경오염의 심각성을 전달하는 등 주제 의식이 뚜렷한 작품들이 많았습니다.

　제7회 국립생태원 생태문학 공모전에 참가해 주신 모든 분께 고마운 마음을 전하며, 수상한 분께 축하의 인사를 드립니다.

심사위원장 이오장
심사위원 김옥성, 나희덕, 우신영, 장석남

작품 설명 및 수상 소감

대상

박수현 「쿠살낭의 소원」

아이를 키우며 자연의 소중함을 체감하게 됩니다. '크리스마스트리'로 유명한 구상나무는 대표적인 기후변화 취약종입니다. 군락지에서는 집단 고사가 일어나기도 하지요. 저는 제 아들 대성이를 위해 글을 씁니다. 그리고 아이들이 건강하고 행복하게 살아가는 미래를 꿈꿉니다. 쿠살낭의 목소리에 귀를 기울이는 사람이 늘어났으면 좋겠습니다. 좋은 상을 주셔서 고맙습니다.

최우수상

김지현 「꿈꾸는 보물 창고」

저는 15년 차 딸기 농부입니다. 기후위기를 누구보다 심각하고 민감하게 느끼고 있지요. 사라져 가는 생명들이 안타깝고, 다음 세대에게 자연을 물려주고 싶은 마음을 이 시에 담았습니다. 시를 읽는 분들의 마음이 모이면, 우리의 보물 창고를 지킬 수 있지 않을까요? 처음 도전한 공모전에서 큰 상을 받게 되어 영광스럽고 행복합니다.

김균탁 「꿈이라니 다행이다」

환경문제는 대한민국만의 문제가 아닙니다. 우리가 버린 쓰레기가 태평양 건너에서 발견되기도 하고, 태평양 건너에서 버린 쓰레기가 우리나라에서 발견되기도 하지요. 이 시는 환경오염은 지구 전체의 심각한 문제라는 사실을 다루고 있습니다. 이 시를 읽고, 무심코 한 작은 행동이 지구의 모든 생물에게 아픔을 줄 수 있다는 것을 늘 떠올리면 좋겠습니다.

우수상

포공영 「수다쟁이 나무들」
어느 날 산에 갔다가 올무에 발이 걸린 적이 있습니다. 다행히 발은 안 다쳤지만, 올무에 물린 운동화를 빼내느라 애를 먹었지요. 누군가가 농작물을 파헤치는 멧돼지나 고라니를 잡으려고 올무를 놓은 것이지만, 저에게는 충격적인 경험이었습니다. 그때의 심경을 담은 이 동시가 마중물이 되어 세상에 더 많은 이야기를 들려주면 좋겠습니다.

이은실 「숲속의 지도」
해마다 많은 야생동물이 도로 위에서 생명을 잃어 갑니다. 생태통로를 만들었지만 여전히 길 위에 스러지는 동물들이 수두룩합니다. '동물들의 지도에는 인간의 길이 없다'라는 생각에서 출발한 시입니다. 도로를 강물에 빗대어 동물들이 느낄 고립감과 공포를 표현했습니다. 허락 없이 빌려 쓰는 숲, 동물들의 땅에 들어설 땐 우리가 먼저 속도를 낮추는 건 어떨까요?

전성희 「호박벌」
까만 융단 통통한 몸에 온몸 분칠한 호박벌이 붕붕 무거운 소리를 냅니다. 덩치는 큰데, 날개는 한참 작은 벌이 진달래 길로 가는 걸 눈으로 좇았습니다. 아마 수백 번 날갯짓으로 여기까지 왔겠지요. 이들의 수고로 잠시나마 지구는 평안을 찾고, 오늘을 이어갑니다. 날개 탓 않고 분을 모으는 벌처럼 저도 본분에 충실한 삶을 살겠습니다. 기회를 주셔서 고맙습니다.

장리상

정진우 「누가 쌌어? 이 똥!」
우리 주변에는 다양한 동물들이 살고 있습니다. 동물 저마다 똥의 생김새가 확실해서 똥만 보고도 어떤 동물인지 맞힐 수 있지요. 똥이라는 단어만 들어도 좋아하는 아이들을 떠올리며 이 시를 지었습니다. 고맙습니다.

변우복 「고추밭의 고라니」
이웃집 농부가 봄에 고추를 심으려고 밭에 비닐을 씌우고 있는데, 갑자기 고라니가 밭에 뛰어들어 비닐 여기저기 구멍을 뚫어 놓았습니다. '고라니가 비닐을 다 망쳐서 어찌하냐?'고 물으니 그 이웃집 농부가 말하길 '고추 심으라고 구멍을 뚫어 주어서 고맙지.'라고 말씀하시더군요. 이웃 농부를 아빠로 바꾸어 동시를 지었습니다.

서민 「도와주세요」
저는 초등학교에서 아이들을 가르칩니다. 인간의 욕심으로 삶의 터전을 잃고 생명의 위협을 느끼는 동물들과 미세먼지, 쓰레기, 숲 파괴, 지구온난화 등 심각한 환경문제가 생겨나고 있지만, 정작 아이들의 삶에는 크게 와닿지 않는 것 같아요. 아이들이 이해하기 쉬운 상황에 비유하여 동물들의 이야기를 시로 담아 봤어요. 제 시가 책으로 출간되어 많은 아이들과 함께 나눌 수 있게 되어 기쁩니다.

김현정 「가을잎빵」

가을 내내 향나무에 떨어진 나뭇잎을 본 적이 있습니다. 떨어진 잎들을 보면서 이대로 사라지기엔 참으로 안타깝다는 생각이 들었습니다. 그래서 '떨어진 잎이 다시 춤추며 생동감 있는 동시가 되면 위로가 되지 않을까?'라는 마음으로 이 시를 적어 두었습니다. 훗날 이렇게 좋은 상으로 보답받네요. 앞으로도 자연을 소중히 아끼고 열심히 지키겠습니다.

박성훈 「할아버지의 의자차」

할아버지의 의자차(전동휠체어)가 탄소가 배출되지 않는 친환경차란 생각이 들어 동시로 표현해 보았습니다. 고맙습니다.

박준형 「바다 학교 출석부」

바닷속 물고기 중 '잡어'들을 의인화하여 한 교실에 있는 아이들 모습을 떠올리며 시를 지었습니다. 이 시를 보면서 평소에 잘 몰랐던 물고기의 존재와 이름을 알게 되길 바랍니다.

대상

박은유 「나무 아파트」

학교 가는 길에 보았던 대추나무에 곤충들이 사는 걸 보니, 마치 우리가 모여 사는 아파트 같았습니다. 모든 걸 희생하고 내어 주는 나무와 아파트의 다른 점도 이야기하고 싶었습니다. 나무는 곤충들에게 자리도 주고, 우리에게 열매도 아낌없이 다 줍니다. 우리도 나무를 사랑해야 합니다. 나무와 자연을 아끼고 지켜 가고 싶은 마음을 시에 담았습니다. 큰 상을 주셔서 감사합니다.

최우수상

윤정원 「내가 사는 숲」

생명을 살리는 힘을 가진 숲처럼 우리가 사는 곳도 함께 살아가는 숲이 되었으면 좋겠어요. 제가 살고 있는 아파트랑 나무는 둘 다 높이 솟아 있는 것이 비슷한데, 느낌은 아주 달랐어요. 우리가 서로 노력한다면 차가운 회색빛 아파트에도 푸르고 싱그러운 바람이 불 거라고 믿어요.

이연우 「네발나비」

우연히 뉴스에서 네발나비가 환삼덩굴이라는 풀만 먹고 사는데, 환삼덩굴이 점점 사라져 가고 있다는 기사를 읽었어요. 네발나비처럼 많은 생명체가 환경 파괴로 인해 위기에 처해 있다는 생각이 들어서 이 시를 썼습니다. 제가 열심히 쓴 시가 책에 실리게 되어 정말 행복하고 기대됩니다. 앞으로 생태 환경에 더욱 관심을 기울이고, 생활 속에서 환경 보호를 실천하겠습니다. 고맙습니다.

우수상

박태헌 「한여름 밤의 숭어」

우리 집 근처에 해양 공원이 생겨서 식구들과 산책을 자주 해요. 무더운 여름날 저녁, 더위를 식히러 산책을 갔는데 그날따라 슈퍼문이 떴어요. 밝은 달빛 아래에서 숭어가 뛰는 모습을 보면서 든 생각을 시로 적어 보았어요. 숭어와 달님 덕분에 행복한 시간을 보냈답니다.

박한결 「고슴도치」

지구를 오염시키는 인간을 뾰족한 가시 돋친 고슴도치에 비유했어요. 그런데 고슴도치 가시를 결대로 만지면 부드럽다는 내용을 책에서 보았어요. '뾰족뾰족'이란 말의 본딧말은 '뾰조록뾰조록'이라고 해요. 이 단어로 우리 인간이 지구를 소중히 여기고, 가꿔야 한다는 의미를 표현하고 싶었어요.

박해인 「서천 갯벌에서」

일 년 전, 여름날 서천 여행에서 갯벌 체험하던 소소한 일상을 동시로 적었습니다. 갯벌 속 작은 밤게들이 쏜살같이 제 손등을 지나가던 느낌이 아직도 생생합니다. 하얀 동죽을 발견하면, 마치 보물을 캔 것 같이 뿌듯합니다. 이 시를 많은 분이 기쁘게 읽으면 좋겠습니다. 큰 상을 받고, 제가 쓴 시가 책으로 나오게 되어 매우 기쁩니다. 이 상을 주신 하나님께 감사합니다.

장려상

전효은 「까망이와 함께 살기」
화단에서 데려온 공벌레에게 '까망이'라는 이름을 지어 주고 가족처럼 함께 살았다. 하지만 까망이에게는 숲이 더 좋은 집이라는 것을 알게 되었다.

김시환 「사랑을 주는 아이」
나는 자연을 좋아하고 재미있어하는 아이입니다. 그런데 사라져 가는 동식물을 보면 마음이 슬퍼요. 우리 함께 자연을 사랑해요.

이율희 「지금이 좋다」
우리 동네 가로수 사이에는 작은 나무들과 여러 꽃을 심은 화단이 있습니다. 처음엔 단정하게 꾸며진 모습이었지만, 시간이 지나면서 무성하게 자랐습니다. 그 모습이 저는 오히려 자연스럽고 보기 좋았습니다. '네모반듯하게 꾸며진 화단 대신, 자라고 싶은 대로 자라는 게 가장 좋지 않을까?'라는 마음이 들어 이 시를 썼습니다.

장하연 「바다가 삼킨 엄마의 종량제 봉투」
텔레비전에서 사람들이 바다에서 쓰레기를 수거하는 모습을 보았다. 다양한 쓰레기가 있었다. 순간 우리 집 쓰레기들이 떠올랐고, 무심코 버린 쓰레기 때문에 바다가 많이 오염되고 있다고 생각하니 마음이 아팠다. 쓰레기 분리배출 실천하기, 아무 곳에나 쓰레기 버리지 않기 등 내가 할 수 있는 작은 일부터 실천해야겠다.

류종현 「문패 만들기」
토요일인데 아빠는 회사 가고, 엄마랑 동생이랑 '목재문화체험관'에 가서 나무로 만든 다양한 물건들을 보았다. 나무는 정말 고마운 존재이다. 산에서 놀면서 돌멩이랑 나뭇가지를 주워서 문패를 만들었다. 엄마는 정신없다고 했지만 나는 멋졌다. 산이 그대로 담긴 것 같았다.

김담이 「멈춰!」
우리가 지금도 살고 있고, 앞으로도 살아가야 할 환경은 다른 누군가가 대신 지켜 주지 않아요. 우리가 모두 스스로 지켜야만 깨끗하고 아름다운 곳에서 행복하게 살아갈 수 있다는 것을 알아야 해요.

이서해 「내가 더 고마워!」
갯벌에서 꽃게와 놀았던 적이 있다. 다른 사람들은 꽃게를 괴롭히기도 하고, 심지어는 죽이기도 했다. 하지만 나는 나랑 놀아 준 꽃게가 고마워서 그냥 보내 주었다. 꽃게한테는 갯벌이 자기 집이기 때문이다.

김지호 「뚝딱! 독의 변신」
처음 한글을 배울 때부터 『브리태니커 만화 백과: 위험한 동식물』이라는 책을 셀 수 없이 재미있게 읽었어요. 위험한 동식물이 우리에게 피해만 주는 것이 아니라 우리에게 도움을 줄 수 있다는 것과 독이 있는 동식물이 밀렵꾼에 의해 위험에 처했다는 것을 알게 되어 시로 썼습니다. 제가 쓴 시가 이렇게 수상하게 되어 정말 기쁘고 감사합니다.

이하린 「자연의 외침」
'나 하나쯤이야'라는 생각으로 무심결에 버린 담배꽁초가 우리의 소중한 자연을 훼손합니다. 큰불이 난 후에는 되돌릴 수 없는 자연이기에 항상 조심해야 한다는 생각이 듭니다. 자연을 사랑하고 아껴야 한다는 마음에 이 시를 지었습니다. 말 못 하는 자연을 대신해서 동시로 자연의 아픈 마음을 전하고 싶었습니다.

이지한 「북극곰네 이야기」
신문에서 북극곰들이 그린란드에서 빙하를 타고 육지까지 와서 순록 사냥을 한다는 기사를 읽었다. 이유는 지구온난화가 계속되어서 얼음이 녹아 살지 못하기 때문이란다. 지구온난화가 계속되면 북극곰은 영영 사라질 것이다. 우리의 노력으로 북극곰이 다시 건강하고 행복해지면 좋겠다.

시

박수현 박은유
김지현 김균탁 윤정원 이연우
포공영 이은실 전성희 박태헌 박한결 박해인
정진우 변우복 서민 김현정 박성훈 박준형
전효은 김시환 이율희 장하연 류종현 김담이 이서해 김지호 이하린 이지한

그림

방새미 일반 부문
2012년 타마미술대학교 그래픽디자인학과를 졸업하고, 일러스트레이터, 그림책 작가로 활동하고 있습니다. 지은 책으로 『숲』 『두 마녀 이야기』 『모자 친구』 『우미 이야기』 등이 있으며, 『가벼운 인사』 『짜증방』에 그림을 그렸습니다.
인스타그램 @bang.sammy

안예나 초등 부문
대학에서 시각디자인을 전공하고, 일러스트레이터로 활동하고 있습니다. 자연 속에서 느낀 감정과 생각을 그림으로 표현하는 작업을 좋아합니다. 그림책 『오이잉?』에 그림을 그렸습니다.
인스타그램 @wheres_yona

엮음

국립생태원은 한반도 생태계를 비롯하여 열대, 사막, 지중해, 온대, 극지 등 세계 5대 기후와 그곳에서 서식하는 동식물을 한눈에 관찰하고 체험할 수 있는 생태 연구·교육·전시 종합 기관입니다. 국립생태원 출판부(NIE PRESS)는 소중한 생태 정보와 이야기를 엮어 유아부터 성인, 전문가에 이르는 다양한 독자를 위한 책을 만들고 있습니다.

제7회 국립생태원 생태문학 공모전

국립생태원은 생태에 대한 이해와 교훈, 생태계 보전의 필요성을 널리 알리기 위해 2022년 제7회 국립생태원 생태문학 공모전을 개최하였습니다. 앞으로도 생태와 환경을 주제로 한 생태문학 공모전을 열어 많은 사람이 생명을 사랑하는 마음과 생태 보전에 관심을 갖게 하고자 합니다. 더불어 훌륭한 작품들로 구성된 수상 작품집을 만들어 보급함으로써 어린이들에게 올바른 생태 정보와 교훈을 줄 수 있도록 노력하겠습니다.

제7회 국립생태원 생태문학 공모전 수상 작품집
쿠살낭의 소원

발행일 2023년 7월 31일 초판 1쇄 발행
시 박수현·박은유 외 | **그림** 방새미·안예나

발행인 조도순
책임편집 유연봉 | **편집** 엄아름 | **본문 구성·진행** 꽁꽁 백승온 | **디자인** 짹짹 박진희
발행처 국립생태원 출판부 | **신고번호** 제458-2015-000002호(2015년 7월 17일)
주소 충남 서천군 마서면 금강로 1210 | www.nie.re.kr
문의 041-950-5999 | press@nie.re.kr

ⓒ국립생태원 National Institute of Ecology, 2023
ISBN 979-11-6698-281-1(73810)

- 이 책에 실린 모든 글과 그림을 저작권자의 허락 없이 무단으로 사용하거나
  복사하여 배포하는 것은 저작권을 침해하는 일입니다.
- 잘못 만들어진 책은 구입한 곳에서 바꾸어 드립니다.

어린이제품 안전 특별법에 의한 제품 표시 | 제품명 도서 | 제조자명 국립생태원 | 제조국명 대한민국 | 제조년월 2023년 7월 | 사용연령 5세부터